Pardonne-moi ! J'ai horreur des lits d'hôpital.

Jean-Christophe VERMOT-GAUCHY

Pardonne-moi ! J'ai horreur des lits d'hôpital.

© 2013, Jean-Christophe Vermot-Gauchy
Edition : BoD - Books on Demand
12/14 rond-point des Champs Elysées, 75008 Paris
Imprimé par Books on Demand GmbH,
Norderstedt, Allemagne
ISBN : 9782322032990
Dépôt légal : Août 2013

Remerciements aux éditions Actes Sud et à Francis Hallé qui m'autorisent la reproduction d'un extrait du livre «Plaidoyer pour l'arbre», pour cette publication.

Conception graphique et photographies : Chris Meunier

*à Chris
sans qui
je n'aurais jamais écrit,*

«Ce n'est pas seulement que j'avais mieux à faire que d'écouter les trilles extasiés des femmes-oiseaux…(…) Non, c'est que je n'avais pas vécu assez.»
P. Bergounioux

«Du peu que je suis en train de devenir -et ce peu, mangé ici-, mon besoin -la raison mène alors le cœur- d'entrer dans le moi de celui surtout auquel la parole est adressée et qui peut toucher un secret de sa vie, la hantise, alors, ici et partout, que l'autre soit blessé, même infimement, me tire l'âme, de l'âme enfin, de la volonté pure. De l'âme à cru la vie.»
P. Guyotat

«Les mots eux-mêmes, qui fixent tout, sont pris, explosés dans ce refus, ce dégoût du fixe -présent-, alors il faut les transformer, les sauver de leur fixité, de leur in-profondeur : en du réel -qui ne l'est pas-, ils mentent tous : il faut donc les faire chanter, ils ne sont faits que pour le chant, puisque pour le «reste» ils ne disent pas la moindre vérité ; c'est leur agencement qui les fait approcher un peu du «réel» (du vide ?) -et du vrai qui nous touche- ; …»
P. Guyotat

*À quoi ça sert, de citer ainsi ?
ça me tient,
je m'en sers et m'enserre et
le lieu
alors se crée : droit de cité.
La citation comme espace
citérieur
rieur.*

Des femmes : Akilah et Dikeledi.
Des hommes : Yooku, Bwerani et Pongwa.
Tous Africains.
Et Quelqu'un.
...
Toujours face à nous, jamais de dos, ni de profil, même quand ils s'adressent la parole, sortent ou se déplacent, ils restent face. De face. FACES.
Erratiques, comme on dirait en géologie des blocs, des roches erratiques, c'est-à-dire transportés par les anciens glaciers à une grande distance de leur point d'origine.
Irréguliers, instables, tels ces oiseaux fous qui, en dehors des migrations régulières, se déplacent sans raison. Perdus.
Planètes désorbitées. Il faudra chercher l'instable en tout, paroles et actions. L'ambulant.
...
«(...) C'est quelque chose qu'on pourrait appeler une horripilation autonome, soustraite à la peur, un poil électrisé en permanence ; quelque chose qu'on éprouve en dehors de toute angoisse, puisque c'est une approche constante, l'événement proche juste avant qu'il cesse d'être incertain, qui, en une plénitude féconde, se recourbant sur nos têtes, consomme à une vitesse inconnue sa provision de répit (...)».
Botho Strauss.
...
Des gestes, des bras des mains, sans cesse, qui disent qu'ils chassent les mouches.
Du visage, des yeux, de la bouche.
Des gestes qui travaillent au réseau cérébral et prennent en charge la voix et ce qu'elle dit.
Une turbulence dans le champ de la vision, de la parole.
Ils n'imitent pas : ils tracent. Comme s'ils venaient barrer les phrases.
~~*La main fore un trou dans l'enchevêtrement de ce qui est dit.*~~
Ce serait le sort de ceux à travers qui tout ne fait que passer et qui ne peuvent plus rien retenir.
Des gestes et des mots comme spectacle nerveux.

Lumière.
Quelqu'un vient d'allumer la lumière.
Plan vide.
De l'eau recouvre la totalité du plateau.
...
On entend une mouche voler. Elle tourne avant de se poser sur l'eau.
L'eau frémit, ondule. On voit les cercles se dessiner.
La mouche bat des ailes à toute vitesse, s'épuise au décollage.
On l'entend, plus qu'on ne la voit.
C'est long la mort. Qu'on se la figure.
...
La mouche est morte.
Nuit immédiate.
Quelqu'un vient d'éteindre la lumière.
Un escadron de mouches dans le noir.
Dévorés. Nos tympans hurlent.
Provoquer le dégoût.
...
Silence brutal.
Lumière.
Quelqu'un vient d'allumer la lumière.
Yooku est là Debout. Immobile dans l'eau.

Yooku :
il n'y aura plus de temps a dit le prince
l'idiot

Il se tait.

cette phrase
c'est vrai
une phrase
devant vous
qui demande
pour vous présentement ici
mendiante
suppliante
poursuivant le même terrible voyage au fond de la terre
où le péril guette
comme un animal affolé dans sa course
qui appelle

Presque un chant. À toute vitesse.

iln'yauraplusdetemps iln'yauraplusdetemps iln'yauraplusdetemps
iln'yauraplusdetemps iln'yauraplusdetemps iln'yauraplusdetemps
iln'yauraplusdetemps iln'yauraplusdetemps iln'yauraplusdetemps
iln'yauraplusdetemps iln'yauraplusdetemps...
c'est idiot
de vouloir ainsi fixer
le rêve d'une phrase apprise par cœur
cette vraisemblance
terrassée par quelques mots

Il se tait.

j'ai des rapports textuels

Il se tait.

je veux dire

Il se tait.

heureusement
le regard
nous rend notre visage

Il se tait.

des rapports
qui me gardent en vie

et ça m'excite

Il se tait.

ces rapports c'est confus
c'est qu'on fuit ce qu'on fut

Il se tait

ça engendre des rites
ça laisse échapper des trajectoires
qui aspirent le monde

Il se tait.

et dans son écroulement
le monde se rattrape à la branche
sans pouvoir
le moins du monde
promettre de nous guérir

Il se tait.

c'est vrai

Il se tait.

j'ai du mal à être clair

mais c'est vrai

Il se tait.

il n'y a plus d'oiseaux

Il se tait.

je ne suis pas d'ici
ça se voit non
mon visage

Il se tait.

j'ai le visage qui n'est pas ici

Il se tait.

c'est vrai
c'est comme de l'eau
qui coule
cette idée primitive du visage qui se rend

Il se tait.

la jeunesse

Il se tait.

l'âge
plus largement
le grand âge
c'est ça que j'aime
par-dessus tout
cette complexité
comme prévision d'un futur
presque mystérieuse
quelque chose qui vient
qui n'est pas une date mais qui y ressemble
le nom d'un homme
là-bas
tout cet ensemble que j'appelle
les images
les images de la vie
j'en fais partie
moi aussi
alors
mais
vous savez
je voudrais vous dire
ce que je dis
présentement
je le dis

Il se tait.

je ne supporte plus les gens de couleur qui pleurent leur peau
qui pleurent
leur couleur

Il se tait.

Victor Hugo l'a dit : ***qui ne pleure pas ne voit pas***
et pourtant
il est certain que nous ne sommes pas arrivés d'une autre planète

Il se tait.

pleurer lave les yeux
vous le savez

Il se tait.

je me lave tout seul
et je ne suis pas un singe

Il se tait.

je m'en veux
bien souvent

Il se tait.

car pleurer est un moyen chromatique de connaissance
et je m'en veux bien souvent d'y penser à la couleur

Il se tait.

j'en veux aux larmes

Il se tait.

à tous ceux que le regard enlarme pour voir
en dehors de cette histoire de noir et de blanc
vous savez
j'aimerais simplement savoir
si vous me respectez
vous
me respectez-vous

Il se tait.
Cet atroce : oser demander le respect.

je ne pensais plus en être là
pardonnez-moi
je voulais juste
vous prendre
au mot
en le disant
vous voyez

Il se tait.

je t'invite à me croire

Il se tait.

apprendre à côté de la mélodie de l'eau
pour voir le monde inondé
c'est comme pisser dans un violon
ça nous donne une image du savoir

Il se tait.

alors je prie

Il se tait.

je prie le visage qui coule
s'écrie le voyageur
j'ai le visage qui coule !

Il se tait.

il y a un grand vide dans ma tête
excusez-moi

Il se tait.

tout chez moi est noir
depuis des lustres
c'est pour ça que ça reste à ce point
des années que ça dure et c'est vrai
touchez-moi
et
noir

Noir.
Quelqu'un vient d'éteindre la lumière.
...
Puis on revoit d'un coup.
Quelqu'un vient d'allumer la lumière.
...
Ce n'est rien. On peut accepter les noirs.

vieux style mon amour qu'elle me disait

vieux amour
vieille origine
je me quitte qu'elle disait
quand j'écoute de la musique
je quitte me quitte te quitte
comme ça j'ai l'impression d'être un arbre
un arbre
qui va si loin au fond du ciel
que la musique
elle
me sépare de la terre
et fait que je me perds

Il se tait.

alors seulement
nous sommes quittes

Musique. (Hélène Breschand ou Scott Walker)
Quelqu'un vient de mettre un disque. On l'écoute.
...
Se quitte-t-il ? À quoi assiste-t-on en dehors de la musique ?
Il faudrait l'expérience théâtrale d'un homme se quittant lui-même.
...
Silence.
Quelqu'un vient d'éteindre la musique.

ça vous fait quoi quand ça coule ?
toute cette eau
c'est tout mon visage quand ça s'étale comme ça
c'est tout lui
et le problème
vous
vous croyez penser
vous pensez que c'est l'Afrique ?

Dikeledi : *depuis les coulisses*
on dit pas la fric *hurlé*
mais le fric
c'est le fric le problème

c'est le fric le fric le fric
et merde
j'ai renversé ma cruche

Yooku éclate de rire. Exaltation.
Rire nostalgique.
Il rit aux larmes.

Yooku :
j'ai souvent envie de chercher des mots
de nouveaux mots d'amour *il cherche*
ma, *il cherche*
ma hauteur vertigineuse, *il cherche*
mon avancée de la falaise, *il cherche*
ma petite excitation du froid, *il cherche*
mon loup du soir précoce, *il cherche*
mon minuscule événement interne, *il cherche*
ma cohésion quotidienne, *il cherche*
ma barque de petit enfant, *il cherche*
ma bouche suceuse mariée contre son gré, *il cherche*
ma permanence des siècles, *il cherche*
mon Nobel intérieur, *il cherche*
mon mille milliards de points noirs de contact, *il cherche*
ma dévergondée, *il cherche*
ma réponse hémisphérique, *il cherche*
mon pignon sur rue, *il cherche*
mon eau bouillante, *il cherche*
ma bergère à crinoline dans la lumière pour rester vivante dans ma
mémoire, *il cherche*
ma négresse gothique, *il cherche*
mon cheptel mouillé, *il cherche*
ma tige apprivoisée, *il cherche*
ma main branleuse, *il cherche*
ma c'est oui tout l'temps, *il cherche*

Akilah : *depuis les coulisses*
lâchez-moi *hurlé*
mais lâchez-moi
mais merde
qu'est-ce que vous me voulez

Elle se débat. On entend les coups ravalés. Elle hurle.

je n'ai rien fait
mais
mais lâchez-moi
tenez
je vous les montre
mais lâchez-moi
vous me faites mal
je veux
mais arrêtez
je suis
mais
lâchez-moi je suis en droit
s'il vous plaît
pour qui vous vous prenez
je vous le jure
mais lâchez-moi
putain
merde
mais

Elle pleure. Son corps.
Brutal. On a compris. Livrée à l'arbitraire.
Sans voir, on a compris.
Sans voir ça nous arrive.
(C'est en lui assignant une place – de témoin – qu'on requiert le spectateur.)

mais j'ai envie de faire pipi arrêtez
s'il vous plaît arrêtez je suis actriiii
vos mains
lâchez-moi
lâchez-moi s'il vous plaît
je suis franç

Elle entre comme une bombe. Se plante au milieu de l'eau. Essoufflée.
Défaite.
Comme si elle rendait corps magiquement à la totalité du monde.
Souffle court.
À perdre haleine.

j'aime
rais
savoir
si
vous
me
res
pectez

Cet atroce : oser demander le respect.
…
Akilah s'endort debout.
Elle est frappée, dès qu'elle est à l'arrêt, d'endormissement soudain.
Narcolepsie. Syndrome de l'apnée du sommeil.
Toute cette eau en serait la cause ? Dors Akilah, dors. Nous veillons.

Yooku :
tu es belle et je t'aime
pisse si tu veux
moi je n'y arrive pas
debout face à vous
à avoir mal
à tel point qu'à certains moments
la douleur
me fait bander
cette douleur
pisse Akilah
laisse couler
toute cette eau
pisse-moi d'ssus

Toujours les gestes pour chasser les mouches.
Le geste qui se répète
rythme le mental.

Akilah je n'y arrive pas
au moins je vous aurai prévenu
comment tu fais
pour pisser à vue
pour te pisser d'ssus

j'ai la queue

Dikeledi : *depuis les coulisses*
ta gueule Yooku *hurlé*
et toi Akilah tu ressuscites ou quoi
t'es pas Jésus qui marche sur l'eau
y'a qu'les imbéciles qui s'ennuient d'vant la beauté
y'a qu'les imbéciles qui vivent longtemps
un peu d'timidité ça t'ferait pas d'mal
la timidité c'est important Akilah
hein Yooku
ça permet aux autres d'exister

Yooku :
Akilah

Elle ne répond pas.

Akilah je
je
j'ai
j'ai envie Akilah
je
j'ai envie de me livrer en pâture
j'en peux plus
Akilah
j'envie
j'ai envie de
merde
j'ai en

Il s'énerve.

nous sommes les complexés du monde
c'est-à-dire ceux qui viennent obscurcir la terre
regarde comme on nous r'garde
regarde comme c'est vulgaire d'être noir
noir noir noir noir noir noir noir noir noir noir noir noir noir
noir noir noir noir noir noir noir noir noir noir noir noir noir
noir noir noir noir noir noir noir noir noir noir noir noir noir

noir noir noir noir noir noir noir noir noir noir noir noir noir noir noir
noir noir noir noir noir noir noir noir noir noir noir noir noir noir noir
noir noir noir noir noir noir noir noir noir noir noir noir noir noir noir
noir noir noir noir noir noir noir noir noir noir noir noir

Noir.
Quelqu'un vient d'éteindre la lumière.
Il continue malgré tout .
Il pourra pleurer. La répétition parfois fore jusqu'aux larmes.

noir noir noir
noir noir noir noir noir noir noir noir noir noir noir noir noir noir noir
noir noir noir noir noir noir noir noir noir noir noir noir noir noir noir
noir noir noir noir noir noir noir noir noir noir noir noir noir noir noir
noir noir noir noir noir noir noir noir noir noir noir noir noir noir noir
noir noir noir noir noir noir noir noir noir noir noir noir noir noir noir
noir noir noir noir noir noir noir noir noir noir noir noir noir noir noir
noir noir noir noir noir noir noir noir noir noir noir noir noir noir noir

Silence.
Les larmes comme moyen de connaissance. Peut-être.
…
Lumière.
Quelqu'un vient d'allumer la lumière.
Ils sont tous là, Akilah et Dikeledi et Yooku et Pongwa et Bwerani.
Drôles d'oiseaux face à nous. FACES.
Avec ces gestes toujours pour chasser.
Comme graphie sous les projecteurs.

Bwerani :
humour noir

Pongwa :
trou noir

Bwerani :
noir comme du charbon

Pongwa :
comme un corbeau

Bwerani :
comme une taupe

Pongwa :
comme du cirage

Bwerani :
comme une prunelle

Pongwa :
comme de l'ébène

Bwerani :
or noir

Pongwa :
tu es ma bête noire

Bwerani :
pic et trèfle

Pongwa :
drapeau noir

Bwerani :
en signe de deuil

Pongwa :
lumière noire

Bwerani :
noir à faire peur

Pongwa :
oeil au beurre noir

Bwerani :
noir de monde

Pongwa :
marée noire

Bwerani :
les gueules noires tu t'souviens

Yooku :
c'est au plus noir de l'hiver que je suis né
un mercredi

Pongwa :
jeter
un œil noir

Bwerani :
film
roman
magie
noirs

Pongwa :
chambre noire

Dikeledi :
j'n'y vois qu'du noir *elle rit*
ah ! ah ! ah !

Bwerani :
qui tire sur le noir

Pongwa :
j'travaille comme un noir

Bwerani :
c'est-à-dire ?

Pongwa :
j'en branle pas une

Silence.
Prendre conscience. Réanimer.
The voice of the voiceless.
Writing is a crime.
Black is a crime.
Il est tragique de voir. Pour résister.
Les mots comme des sons accrochés à la peur en refaisant surface.
Ça invente un sens hors de la langue elle-même.

Pongwa :
Black is a crime
I lost my shoes
I lost my mother
I lost my father
I lost my strength

les arbres n'ont pas de voix pour se défendre
mais vous vous en foutez de la disparition de la forêt tropicale
n'est-ce pas ?
puisque les forêts d'Europe elles vont très bien
de mieux en mieux même
c'est une chance pour vous tous
présentement

Dikeledi :
Pongwa s'il te plaît

Pongwa :
se plaindre is a crime
parler is a crime
demander is a crime

Crispation.
Au cours du temps ils sont devenus comme de marbre, muscles tendus, à vif, durcis face à nous.
FACES. Des statues.
Plus de mouches. Plus de gestes.
Même des yeux. Même du cœur des pensées du cerveau.
…
L'immobilité totale. Dure.
…
Soudain Akilah est reprise.
À l'identique. Hurlante. Gesticulante.
Les autres ne bronchent pas.

Akilah :
lâchez-moi
mais lâchez-moi
mais merde
qu'est-ce que vous me voulez

Elle se débat. On entend, on voit les coups ravalés. Toujours elle hurle.

je n'ai rien mais
lâchez-moi tenez
je vous les montre mais lâchez-moi

vous me faites mal
je veux
mais arrêtez
je suis
mais
lâchez-moi je suis en droit
s'il vous plaît
pour qui vous vous prenez
je vous jure
mais lâchez-moi
putain merde
mais

Elle pleure. Son corps.
Brutal. On a compris. Livrée à l'arbitraire.
On a compris.

j'ai envie de faire pipi arrêtez
s'il vous plaît arrêtez je suis
vos mains
lâchez-moi
lâchez-moi s'il vous plaît
je suis

Comme une bombe. Plantée au milieu de l'eau. Essoufflée. Défaite.
Comme si elle rendait corps à la totalité du monde.
Souffle court.
À perdre.

j'aime
rais
savoir
si
vous
me
res
respectez

Cet atroce : oser demander le respect.
...
Akilah s'endort debout.
Elle est frappée, dès qu'elle est à l'arrêt, d'endormissement.
Narcolepsie. Syndrome de l'apnée du sommeil.
Toute cette eau en serait la cause ? Dors Akilah, dors. Nous veillons.
...
Peu à peu les corps se détendent. Les muscles.
Reviennent alors les mouches. Les gestes pour chasser.

Yooku :
je n'ai plus du tout envie d'être planté là
cette verticalité
unique
notre bipédie
nous descendons des arbres
oui
les arbres ont fait ce que nous sommes
et j'ai envie de vous le dire
car je l'ai appris par cœur
pour vous

Il se tait.

j'aime
apprendre les textes par cœur

Les autres soupirent.

il est fou
fou amoureux des arbres Francis Hallé
et à la fin de son plaidoyer
il nous dit :

Il ferme les yeux pour dire avant de dire.

Il laisse le temps se déplier, pour ralentir sa respiration, contre son visage.
Contre son ventre ses mains ses cuisses le temps.

Chuchoté/Amplifié peut-être, grande clarté et puissance, une particularité soudaine de prononciation : « (…) J'en connais pour qui la qualité principale des arbres est le rapport élégant et mystérieux qu'ils entretiennent avec l'écoulement du temps. Fixes dans l'espace, ils maîtrisent une gestion de la durée que de simples mortels peuvent leur envier ; le passage d'une année, pour eux, ne se voit qu'à peine alors qu'ils sont tellement sensibles au passage des saisons. L'immortalité potentielle ajoute encore à la dignité de ces gardiens du temps.
Près d'eux, nous sommes tous des gamins.
Pour ma part, le plus précieux des caractères de l'arbre est sa totale «altérité», ce mot étant pris dans le sens de «différent de l'Homme et ne lui devant rien». L'altérité des arbres me rassure (…)
Un Écureuil cherche des graines mûres dans la cime d'un grand Pin, tandis que les Colombes s'appellent d'un arbre à l'autre. La nuit qui suit est douce : les Chauves-Souris chassent les Noctuelles entre les cimes et, lorsque le village s'endort, la Chouette commence à chanter, évoquant des époques révolues et d'antiques sagesses dont les témoins ont depuis longtemps disparu ; est-il un chant plus beau, plus calme, que celui de la Chouette dans la nuit d'été ? Interrompant la course des étoiles filantes, les Pins se détachent en noir sur la Voie lactée.
Ce paysage familier n'est pas seulement intact, ou «primaire», au sens où l'on désignerait ainsi une forêt restée à l'abri des influences humaines, il est aussi d'une formidable ancienneté, qu'aucun esprit humain ne peut concevoir. Les Écureuils ont 35 millions d'années, les oiseaux 50 millions d'années ; quant aux Pins, ils existent depuis 140 millions d'années, ce qui signifie que, pour l'essentiel, ce paysage était déjà en place au Jurassique, époque où l'être humain, bien sûr, n'existait pas encore. Voilà l'altérité absolue que nous offrent les arbres, comme un moyen de ne pas nous préoccuper exclusivement de

Arrêté par Pongwa. Coupé net.

Pongwa :
ok c'est bon
tout l'monde s'en fout

Silence.

Yooku :
de nous et de nos semblables (...) »

Silence.

nous sommes tous des gamins
cette phrase dit bien ce qu'elle dit

Il se tait.

quand je marche dans une forêt
j'ai souvent envie de pleurer
et je parle pour ne plus savoir pour qui je tremble
je parle là-devant
aux arbres
très près tout à la fois pour pouvoir dire
pour la mémoire
et c'est être bien au début dans l'eau
si on veut situer le moment

Il se tait.

j'ai tellement eu peur
sans savoir où aller

Il se tait.

je ne veux plus me faire couper les cheveux

on ne sait jamais

Il se tait.

ça peut toujours servir

Il se tait.

quand je me touche
j'ai alors souvent une autre image de moi
ma main qui touche
change
oui
elle change les lignes qu'elle touche du corps qui change quand il se touche
l'imaginaire
je me masturbe souvent
c'est un bon déclencheur
ma misère
au moins
ça
et toi tu vas commencer à y penser
à ça
ce que je viens de dire
car l'imagination
ça au moins ça nous sauve
ça naît de pressentiments
de désirs
d'éléments d'angoisse

Il se tait.

car le geste
qui se répète
le geste
rythme

le mental
et les images
ne se superposent pas
non
les images se combinent
vous voyez
c'est ce voyage solitaire qui touche l'inconscient qui crache
blanc sur noir
et j'aime frayer avec
mais ça ne me console pas du manque non
je dirais simplement que ça me libère
de moi
vous voyez
ça me libère moi-même
et les arbres se penchent sur l'eau
étalés vers l'intérieur
pour me saluer

Il crie. Comme un premier homme. À perdre voix.
…
Il ne crie plus.

ça me donne envie de pisser toute cette eau
j'ai eu de grandes difficultés à apprendre à lire

Il se tait.

qu'est-ce qu'ils ont tous à faire des gosses
à peupler la terre
à donner vie à chacune de leurs éjaculations putain
peut-être faudrait-il lui faire autre chose à la terre que d'la peupler
que d'l'engrosser
pauvres cons
ça me dégoûte ce va-et-vient de la sexualité

Il se tait.

je rêve toujours en noir et blanc et c'est horrible
le manque de la couleur vous savez
ce soleil noir
c'est un spectacle grâce à la nature
c'est un vol groupé
de centaines
de milliers d'étourneaux
des sansonnets
l'espace d'un instant si serré qu'on dirait que le soleil s'en est allé
et qu'il leur faut alors scruter le ciel pour le creuser
les oiseaux
comme un ballet de mort
au milieu de la volée qui troue la lumière

Il se tait.

les oiseaux doivent atterrir avant la nuit
car ils ne voient plus rien dans l'obscurité
comme nous
ils sont aveugles sans lumière
alors volerensemble les protège des faucons pèlerins
je l'ai appris
et les règles du jeu sont très simples :
gare à celui qui voudra atterrir le premier
car il risque de devenir le dîner du pèlerin

Il se tait.

qui aurait pu penser que ces oiseaux se donnaient en spectacle contre le ciel et la lumière
ensemble dans les roseaux
les nuages
les lacs
dans les grands arbres des villes

Il se tait.

qui peut penser que volerensemble protège
et que ce bal c'est nous peut-être

Il se tait.

dire c'est nous
c'est peut-être

Un lit d'hôpital tombe des cintres. En plein milieu du plateau.
Folie. Au moment du choc. Ils s'effondrent tous dans l'eau.
Sauf Akilah qui dort.
...
Ce lit.
La lumière change pour n'éclairer que lui.
Boat people. Une mer. Une tempête. Et des cris de voix du monde comme
des cris d'oiseaux.
Jusqu'au silence.
...
Ce lit.
C'est un îlot de mémoire pour rassembler les blocs. Pour unir les terres
dissemblables et tenter de reconstruire un sol à notre histoire.
...
Ce lit.
Il fait peur.
...
Il faudrait voir tellement de choses pour un seul lit.
...
Dans l'obscurité aplatis, seuls dans la lumière du lit, ils se relèvent, sauf
Akilah qui dort toujours debout.
Tous se rassemblent autour du lit tombé. Comme pour veiller.
Trempés.
De face toujours.
FACES.
...
Réunis ils vont prier sans oublier les mouches. Les gestes pour s'en
débarrasser.
En chœur ils parlent bas :

- on est là on est là on est là on est là on est là on est là on est là
- on est là on est là on est là on est là on est là on est là on est là

- on est là on est là on est là on est là on est là on est là on est là
- on est là on est là on est là on est là on est là on est là on est là
- on est là on est là on est là on est là on est là on est là on est là
- on est là on est là on est là on est là on est là on est là on est là

On entend alors un homme. Une autre voix se superpose au chœur :
Quelqu'un. L'homme d'ici. Le blanc.
En voix off.
Cette voix blanche se superpose à la litanie noire de la prière.
On ne parle pas uniquement pour se faire comprendre.
C'est une petite histoire pour la mémoire qui se greffe sur ceux qui prient.
...
Ils montent sur le lit. Pour prier, petit à petit.
Sauf, Akilah qui dort toujours debout. La belle endormie. Seule au milieu des eaux.

- on est là on est là on est là on est là on est là on est là on est là
- on est là on est là on est là on est là on est là on est là on est là
- on est là on est là on est là on est là on est là on est là on est là

Droit de citer.
*Ici, à cet endroit du livre, il y a un extrait d'**Un peu de bleu dans le paysage**, de Pierre Bergounioux (pages 29, 30, 31).*
Cette voix est essentielle pour ce que j'écris.
L'œuvre de Bergounioux m'accompagne depuis de longues années.
Comme je le fais dans mes autres textes, avec d'autres auteurs, je voulais lui rendre hommage en le citant.
Mais voilà ! Les éditions Verdier, propriétaires des droits de Pierre Bergounioux, ne m'autorisent pas à reproduire l'extrait pour cette édition.
*J'ai donc décidé de le laisser à sa place, de le rendre **illisible mais visible**, et d'en informer le lecteur à toutes fins utiles.*
Il semblerait que les éditions Verdier n'aient pas contacté l'auteur.

- on est là on est là on est là on est là on est là on est là on est là
- on est là on est là on est là on est là on est là on est là on est là
- on est là on est là on est là on est là on est là on est là on est là
- mais on n'est pas certain

Regroupés sur le lit.
Silence.
Plus de mouches, plus de gestes pour chasser à la fin du récit.
Le lit isole et protège.
Les corps enfin se reposent.
…
Cette image. Il faut travailler pour.
Ce lit : qui nous émeut.
Un lit peuplé.

Yooku :
il n'y a pas que moi qui apprend des textes à ce que j'entends
même les blancs
ça fait tellement du bien d'écouter parler
j'en ai la chair de poule

Avec le silence la beauté. Avec lui l'éternité d'une image. Contribution rythmique à la théâtralité.

Dikeledi :
je pense à des choses
que je peux pas parler
tu vois
j'pense pour parler
mais j'peux pas
j'veux dire
mes pensées quand j'y pense
quittent me quittent
quittent la parole
cette sensation de
d'arracher la langue quand ça colle trop à c'qu'on pense
un jour j'm'en souviens ma langue est restée collée sous la luge par le froid

j'avais la luge au bout d'la langue et j'ai pensé
mourir
oui
mourir ça nous arrive
ça nous arrive trop souvent à nous
pas à vous ?
oui j'yai pensé
oh
mourir c'est con
mais j'yai pensé qu'ma pauvre langue congelée allait mourir celle-là
qu'elle allait d'venir une langue morte
pauvre conne
ça gèle vite une langue j'ai dit
oui
le froid ce con
gèle
tu t'en souviens Yooku toi
d'ma langue toute dure
en attendant la fonte des neiges
comme de givre
mes pensées alors
poudreuses

Elle tire la langue.
Puis Yooku fait de même, ainsi que Bwerani et Pongwa.
Langues tendues, perchées sur un lit au milieu de l'eau.
La lumière change. Mise au point.
…
Soudain un flash.
Quelqu'un vient de prendre une photo.
…
Tous figés, saisis, à même leur langue, ce muscle qui délivre la parole vers l'extérieur.
Cet intérieur des bouches ouvert sans cri. Langues offertes.
Presque une lamentation, un rituel.
Peut-être la recherche d'ancêtres. Toucher aux disparus du bout d'la langue.
…
Alors un deuxième flash.
Quelqu'un vient de prendre une deuxième photo.
…
Ils rentrent leur langue, et se cachent le visage avec leurs mains. Éblouis.
Mais les mains n'y feront rien pour apaiser le déluge.
Notre petite lugeuse crie derrière ses mains.

Dikeledi :
Branly
l'quai Branly
l'quai Branly définitivement

Elle ôte les mains de son visage.

c'est presque rien
mais quand-même
nos gestes nous appartiennent
j'veux dire
nos gestes
avec le temps

Léo Ferré.
Quelqu'un vient de mettre «Avec le temps».
Léo là-haut qui chante. Dikeledi va se laisser prendre.
Histoire d'écoute.
Elle continue de parler tout de même avec le temps. Avec lui Ferré.
Elle trouve à dialoguer avec Avec le temps.
Qu'elle hurle pour dire peut-être. Qu'elle rythme. Qu'elle écoute et parle tout à la fois. Sa voix comme un vitrail éclairé par Ferré.
La chanson se termine avant son texte à elle.
…
Et eux, le visage derrière les mains, sont retenus pendant tout c'temps.

cette situation
m'sieur
m'dame
c'est pas rien comme situation
de v'nir en aide
vous voulez v'nir en aide à notre faiblesse ?
c'est une vraie maladie ça
vous étonnez plus
non
plus de rien
de rien
plus le temps de rien
c'est-à-dire

la tragédie
il faut bien la dire
aaaaaaaaaaaaah *une diva*
sur ce lit
ooooooooooooh *une diva*
pardonne-moi
maiaiaiaiais *une diva*
maiaiaiaiais *une diva*
maiaiaiaiais *une diva*
j'ai horreur des lits d'hôpital
nous n'sommes pas tous malades
merde
l'événement
c'est pas ce putain d'quai
ce putain d'Branly
qu'est d'venu un lit de deuil
mais qui sont les acteurs
je me demande
qui sont les acteurs de cette histoire peinte
sculptée
filée
taillée
brodée
histoire cousue
de membres
de corps
de tissus
de surfaces
de peaux
de colliers
de pierres
de masques
de caveaux
de miracles
d'armes
de textes
sans texte
de signes
Blanche-Neige
j'aime la luge
et j't'emmerde
ça m'fait trembler
c'quai Branly
pourquoioioioioi *une diva*
pourquoioioioioi *une diva*
pourquoi Alejandro est-il mort
et tout l'monde s'en fout
Alejandro Ferretis *une diva*

Tout le monde s'en fout d'ta mort

Dikeledi s'arrête net.
Silence.
Il faut courir le risque de se lamenter sur la mort d'un homme.
…
Alors soudain Akilah est reprise.
Gesticulante.

Akilah :
lâchez-moi
lâchez
mais merde
qu'est-ce que vous me

Elle se débat. On entend, on voit. Ravalés. Hurle.

je n'ai rien
mais
mais lâchez tenez
les montre mais moi
vous me
je veux
arrêtez
je suis
mais
lâchez je suis
vous plaît mais pour qui
je jure
mais lâchez
putain
mais

Elle pleure. Son corps.
Brutal.
On a compris, ça nous arrive.

mais j'ai envie de
s'il vous plaît arrêtez je suis vos mains
lâche
lâchez s'il vous
je
suis
çaise moi

Une bombe. Au milieu de l'eau.
Comme si elle rendait.
Souffle.
Perdre.

j'aime
rais
sa
si
vous
me
res
tez

Cet atroce : oser demander.
Faire le temps.
…
Une qui.
Veillons.
…
Dikeledi ôte les mains de son visage pour témoigner.

Dikeledi :
Alejandro Ferretis
son compagnon Francisco Javier Vega
battus à mort le 19 avril 2004 à leur domicile massacrés avec un marteau
une barre de fer une bouch'rie Alejandro
inimaginable dit-on
toi Alejandro acteur de cinéma de théâtre photographe peintre toi Alejandro
révélé dans ***Japon*** de Carlos Reygadas toi Alejandro mexicain sans
hommage toi sans homme pour toi et moi qui avais peur de te voir mourir
dans Japon mourir dans un film Alejandro mais je n'avais pas peur moi

de te voir mourir car je savais oui je sais qu'avant la fin Alejandro les hommes ressentent oui Alejandro je veux dire le froid de la fin les hommes ressentent Alejandro une force froide dans le ventre et je sais c'que c'est qu'le ventre moi comme toi ton ventre Alejandro je veux dire ton ventre dans mon ventre Alejandro tes mains dans mes mains Alejandro j'ai pris mon cahier pour écrire tout ce que j'ai vécu ce jour-là sans cesse projeté comme un jour qui se déshabille par les mots pour tenter d'être à tes côtés avec le jour tout nu Alejandro j'écris toute nue pour ne pas oublier le corps ton corps de toi j'écris Alejandro j'écris mal mais c'est pour toi Alejandro pour reposer mon souffle dans ton creux pour que tu m'comprennes toi que tu saches Alejandro que moi je n'ai pas mangé et qu'je suis habituée à ça Alejandro toi Alejandro ta jambe dans ma jambe tes aisselles dans mes poils ton âge Alejandro ton âge dans mon âge j'ai soudain du mal à être silencieuse autour de ton crime Alejandro je voudrais réussir à m'endormir dans tes éclaboussures mais

Dikeledi soudain se tait. Comme arrêtée par le doute.
Sommes-nous vraiment en droit de nous fier au témoignage de sa mémoire ?

Bwerani parle toi
s'il te plaît
parl'pour moi

Bwerani sans hésiter prend le relais. Il ôte les mains de son visage caché.

Bwerani :
Alejandro
j'ai mal
j'ai du mal
car tu aurais bien pu mourir près du cheval sur la montagne
tous les deux ensemble
mêlés
tu aurais pu
pourquoi tu ne l'as pas fait sur cette colline Alejandro
te glisser dans le ventre du cheval avec à peine la place pour toi
comme un bébé Alejandro
comme un enfant creusé
replié pour disparaître
et engrossir le temps mon petit homme

dire que je te vois tout petit Alejandro
alors que tu es de ta forme immense
isolé du monde
pourquoi n'aurais-je pas le droit pour toi
Alejandro je veux t'écrire
t'articuler
avec ma langue
mon palais
afin d'avoir recours à toi pour pouvoir parler Alejandro
je fais encore partie de ceux qui vivent Alejandro
pas facilement mais quand même je vis pour retenir le plus possible le désir du gouffre Alejandro
comme toi au bord de la falaise attendant au dessus d'la pierre
la pierre des tombeaux mexicains Alejandro
j'ai soudain mal Alejandro
la tête Alejandro
ma tête
quand j'y pense
ta tête
ma tête dedans
cette mémoire
tout à coup ici
elle a cette force cette cervelle
nos têtes Alejandro
nos têtes de nègres grotesques
oui
grotesque
mon Frères
c'est grotesque
c'est grotesque
c'est grotesque

Il rit de lui soudain. Nerveusement. Il rit en répétant.

c'est grotesque
c'est grotesque
je suis grotesque
ce gros texte
pour qui ce texte
grotesque presque
gros sexe
ce gros texte
c'est trop gros ce texte
ce gros sexe de texte

non
c'est la grotte oui
d'Alibaba
son ex
la grotte ex

Il rit toujours. C'est tellement faux. De rire au théâtre. Qu'il rit toujours de rire.

avec moi
grotesque grotesque
ma grotte
est-ce-que grotesque tu vas t'ouvrir
ma grotte ta grotte nos grottes vos grottes
est-ce-que nos crottes didi doudou didon
nos grosses crottes de dindons glougloutesques
dis mon glouglou
dis moi tout

Ce rire. Avec les mots. Dedans. Les larmes du rire. La salive. Il pouffe. Il piaffe. Riant aux éclats. Ses lèvres. Sa face. Ses dents. Bavant de rire.

gro
gros
gro
mon grogrosgrigri
c'est le grigri à sa maman
le grigrigrossexe à son papa pour sa maman
hein
grominet le gros minou
le négrominet
et son gros nez
oh le groné
grigri et grogro
oui ! grigri et grogro sont sur un bateau
grigri tombe à l'eau
qui reste
hein
et ben groreste
t'as d'beaux restes tu sais mon gros

mais reste mon gros texte
oui mon texte de négro
t'es c'que t'es
un grotesque négro macro sans micro
microbe macrobiotique d'Afrique
et ton microbe de négresse
qui se tresse le minou
tresse de con pour ton grosgrossexe
alors quand deux gros se rencontrent qu'est-ce qu'ils font
hé ben ils fondent

Il souffre du rire. Force le rire. À rire à coups d'éclats. C'est difficile pour lui, pour nous aussi. Cette force du rire qui fait mal. Cet insupportable.

ils fondent oui
une grotesque famille de gros nés
nous
les négros
c'est nous les nés
c'est nous mon doudou
la nounou c'est mon doudou ce grosbijou

S'arrête de rire de parler. Épuisé.
Il a beaucoup fait Bwerani mais rien n'est fait.
Car comment montrer ce que sont et la vie et la mort.
Il pleure. Le rire souvent fait les larmes.
Il essuie son visage dans ses vêtements.
…
Les autres se dévisagent de leurs mains.
Quels visages !
…
Bwerani saute du lit.
S'approche d'Akilah.
Il la prend dans ses bras, la porte comme un dieu sa déesse.
Elle dort. Se laisse faire dormant. La belle. La nôtre.
Princesse. Prince.
L'extraordinaire de cette image.

Bwerani :
nous ne sommes pas des singes

Akilah
non
pas des singes
t'es si légère quand tu dors
suspendue
pas des singes
prête à sombrer
j'ai peur Akilah
peur tout d'un coup
un
deux
nous deux
des singes

Il sort. Lentement, de face. FACES.
Portant Akilah. Répétant.

pas des singes
pas des singes
pas des singes
pas des singes
pas des singes
pas des singes
pas des singes

L'eau bouge encore de ses pas.
Toute cette eau.
Dikeledi, Yooku et Pongwa assis au bord du lit, comme des petits, créent le silence.
Enfants rois de quel royaume ?
Ce lit pour patrie ?
Pour exil ?
C'est effrayant. Un lit.
Car ils savent bien que la mort n'est pas loin.

*(Mes yeux plus que ma main appuient sur le papier. Je scrute.
À l'affût.
Il y aura ceux qui l'ont échappé belle,
et les autres,
les obligés, par ma vue,
les mo(r)ts.)*

Soudain une détonation. Un coup de feu. Revolver.
Puis très vite un deuxième.
Ils sursautent à chaque coup.
Silence.

(Je pense :
il faudrait du rouge dans l'eau, que du rouge afflue, vienne colorer l'eau,
grand lac rouge,
je pense à ces lacs rouges du toit de l'Amérique latine et puis je n'y pense
plus.
Je pense :
il faudra essayer, et alors seulement décider d'y penser si ça marche
comme on dit,
si ça marche il faudra le faire sinon ne plus y penser.
Je pense :
peut-être que quelques gouttes de sang,
sans lesquelles on ne saurait comprendre,
permettraient d'arracher à ces détonations leur ultime ressemblance :
ce rouge
sépulture du son.)

Dikeledi :
enfin quelque chose à bouffer
qui s'y colle
au débitage
avant qu'y soit trop tard
car elles pondent vite ces salopes de mouches

Cet insensé.

gardez-moi les parties
c'est l'meilleur
comme dans l'taureau
négro jusqu'au bout des ongles

Yooku sort un couteau de sa poche. L'arme. La lame étincelante.

même le sang ce con
médaillé comme un grand cru

Les enfants, nos rois au bord du lit toujours. FACES.

j'aime les animaux moi
toute cette viande juteuse
lèche-moi

Yooku pose le couteau sur le lit. Se lève. Se déshabille lentement. Totalement. Il plie ses vêtements avec soin.

il faut la couper

Nu, le couteau dans la main gauche il marche dans l'eau et s'arrête là où dormait la princesse.

la langue

Quelle langue ?

Bwerani et Akilah
le bienvenu et l'intelligence
Pongwa et toi Yooku
le guéri et le né un mercredi
et moi Dikeledi
les larmes
mesdames et messieurs
nos prénoms
messieurs dames
les vôtres

Yooku dépose le couteau à ses pieds. Il se lave avec l'eau. Le visage puis le corps.

je n'aime pas parler au téléphone car le visage me manque
j'aime voir pour parler
c'est pourquoi je n'peux pas parler avec Dieu
le grand absent
il a qu'à montrer son cul celui-là

C'est quoi ? Un ancêtre ? C'est quoi ?

avec les morts c'est différent
je peux
car je l'ai vue cette pute
la mort
de mes propres yeux

donc je peux lui parler
pour lui dire
nous en avons tous à qui parler
des morts
pour parler des morts
putain Yooku arrête de faire l'indigène *qu'elle hurle*

Yooku obéit. Couteau en main. Soudain immobile nu parlant.

Yooku :
« «By and by» is easily said.
Leave me, friends.
'Tis now the very witching time of night,
When churchyards yawn, and hell itself breathes out
Contagion to this world. Now could I drink hot blood,
And do such bitter business as the day
Would quake to look on. Soft, now to my mother.
O heart, lose not thy nature ! Let not ever
The soul of Nero enter this firm bosom.
Let me be cruel, not unnatural.
I will speak daggers to her, but use none.
My tongue and soul in this be hypocrites –
How in my words somever she be shent,
To give them seals never my soul consent. »

Laisse résonner. Le mémorable.
Cette parole gardienne d'un rêve. Le souffle d'une histoire.
C'est Shakespeare qui l'a dit.

Dikeledi :
           «Ô Hamlet, speak no more !
Thou turn'st mine eyes into my very soul,
And there I see such black and grainèd spots
As will not leave their tinct.»

Yooku :
                «Nay, but to live
In the rank sweat of an enseamèd bed,
Stewed in corruption, honeying and making love
Over the nasty sty _ »

Dikeledi :
«O, speak to me no more !
These words like daggers enter in mine ears.
No more, sweet Hamlet.»

Yooku sort. Lentement sans cérémonie.
L'eau bouge de ses pas. Jusqu'à l'immobilité.
Redevenue miroir, glace que l'on espère briser.
...
Une détonation de revolver, et
immédiatement Dikeledi devient folle,
face à nous se lève saute gesticule des gestes comme d'ancêtres crise les muscles cette détonation encore qui sonne comme des électrochocs le vertige la perte de tout contrôle toi la-folle-de-nerfs tu nous affectes cet être mien cette sollicitation à comprendre Pongwa se lève va aide s'aide se jette sur elle tente d'arrêter les spasmes elle et lui tous les deux en lutte le souffle des coups frappés dans l'air des coups dans l'eau des déflagrations erratiques elle est forte Dikeledi se déchaîne elle se détache de lui y arrive cette lutte elle se jette sans hésiter vers la sortie notre dame s'échappant pour vivre mais une quatrième détonation arrête sa fuite nette-visée hors de tout en plein vol elle tombe dans l'eau sans retenue s'écrase immédiatement morte là très vite sous nos yeux notre Dikeledi là notre morte mais que fait donc le temps Pongwa toi présentement que te reste-t-il à faire toi si petit tout seul maintenant et simplement face à ça pour apaiser ce drame comme force d'un rite ce trou en nous abîmés Pongwa pour toi vas tu vas prendre sur toi tu prends le drap du lit toi et tu acceptes tu vas recouvrir le corps de Dikeledi cette indécence de la mort qu'il faut voiler Pongwa encore une fois accepte ce linceul à envelopper le temps d'une vie et soudain tu écoutes tu entends qui quoi les mouches elles pour nous voler la mort putain de chiennes de voleuses écoute Pongwa laisse faire tu n'y peux plus rien tu tentes de t'asseoir sur le lit c'est comme un symptôme notre dernier homme assis hésitant avec ce bruit de putes de mouches que tu ne chasses plus tu cries pour pouvoir parler peut-être parle parle parle doux on t'écoutera Pongwa essaye d'articuler contre toutes les lois éclaire le deuil de ta voix ta voix peut se concevoir malgré tout je t'aime nous t'aimons ils t'ont aimé

Pongwa :
il faut
il faut
rester
il me faut rester
il faut rester noir
je crois

moi
encore une fois
Pongwa je suis
c'est moi
le milieu
où vous vivez
le milieu
de l'intérieur où vous vivez
une fois pour toutes
ne tremble pas en vie Pongwa
non je ne tremble pas
je me parle pour rester
je me couche pour rester pour vous mesdames
reste toi reste
parle
parle-toi Pongwa
pour rester en vie
petit bonhomme
alors quoi
oui je le sais
je n'ai pas pris mes médicaments
non je n'ai pas pris mes médicaments
tu ne les prends plus toi non plus tes médicaments
toi
regardez-vous
tes médicaments Pongwa
je suis né mais je suis guéri
à force
à force
vous vivez
nous vivons
je tu il vit
mais ils ne vivent plus

Il voudrait se taire.

encore Pongwa
tu dois parler pour toi ça aide
je tourne sur moi-même
pour oublier sur le vide
c'est vrai que ça fait du vide sur la place des corps la mort
dans une même pensée
je ne suis plus capable mesdames
messieurs

d'agiter quoi qui que ce soit
je suis un fils qui tarde
d'agiter sa queue
que regardez-vous
mesdames
Pongwa
ils sont tous avec les mouches maintenant
et moi alors
j'ai du mal à respirer sans eux soudain
je vais vous le dire
ce que je sais
pour que vous le sachiez
je sais ce que c'est
je le connais
je le connais
lui
il est là le sens
je le sais
je le connais
lui
l'Afrique
l'Afrique vous savez
l'Afrique s'en va
son corps est vide
terriblement vide
et lui
lui
c'est lui
regardez-le
là

Il tend le bras et pointe son doigt vers la sortie pour nous le montrer.

je vous le dis
présentement

Un cinquième coup de revolver éclate pour l'arrêter.
Pongwa s'effondre sur le lit.
Immédiatement le bruit des mouches cesse.
Silence.
…
Des reflets de lumière s'éparpillent.

De l'inconsolable.
…
On entend des pas sur le bord de la scène.
Quelqu'un.
Quelqu'un va et vient.
Noir.
Quelqu'un vient d'éteindre la lumière.
…
Quelqu'un marche dans l'eau.
S'arrête.
Silence.
Dans le noir.

Quelqu'un :
 au moins c'est clair
 pour vous faciliter la vie
 j'ai dit
 que je combattrai
 à votre place

Auteurs cités :

- p 30 : Francis Hallé «Plaidoyer pour l'arbre», p 166, éd. Actes Sud.

- p 54-55 : William Shakespeare «Hamlet» Act III, 2 p 974/76, Act III, 4 p 984/86, éd. Robert Laffont Bouquins, éd. bilingue, œuvres complètes, trad .M. Grivelet.

Traduction p 54-55 :

Yooku :
« Tout à l'heure » est vite dit.
Laissez-moi, mes amis.
C'est l'heure maintenant des sorcelleries de la nuit,
Où baillent les cimetières, où les exhalaisons de l'enfer
Contaminent le monde. C'est maintenant que je pourrais boire
Du sang chaud et faire des choses si atroces que le jour
Frémirait de les voir. Assez ! Chez ma mère à présent.
Ô mon cœur, ne renie pas ta nature ! Que jamais
L'âme de Néron n'entre en ce sein résolu !
Il faut être cruel, non pas dénaturé,
Poignarder en paroles, mais sans passer à l'acte.
Que ma langue et mon âme ici soient hypocrites –
Quelque sévèrement qu'en mots je la flétrisse,
Ne consente mon âme à ce que je sévisse.

(…)

Dikekedi :
                    Ô Hamlet, ne dis plus rien !
Tu tournes mon regard vers le fond de mon âme,
Et je vois là des taches d'un noir de si grand teint
Qu'elles ne s'en iront pas.

Yooku :
                    Mais aussi aller vivre
Dans la sueur fétide et la graisse d'un lit,
Mijotant dans le stupre, roucouler, faire l'amoureuse
Dans cette bauge infecte ! –

Dikeledi :
                    Oh ! ne me dis plus rien !
Ces mots, tels des poignards, entrent dans mes oreilles.
Plus rien, mon noble Hamlet.

Imprimé par Books on Demand GmbH à Norderstet, Allemagne
Dépôt légal : août 2013
ISBN : 978-2-3220-3299-0